미리 변경

<u>전달</u>

다시 시를 쓰게 되었을 때, 나는 사람들이 인생의 어느 시점에서 일어난 감정과 생각에 대해 쓰게 하는 것이 그들에 대한 이해와 자기 수용을 심화시킨다는 것을 깨달았다. 더 이상 두려워하지 않고, 당신의 일부로 흡수되고, 마침내 치유되었습니다. 결국 흉터는 가장 강한 인간을 만든다. 그래서 저는 다시 한 번 제가 집착하고 있던 부분을 풀어주고 있습니다. 내가 아직 못한 미래를 비끼기 전에

독일 브라운

누구를 탓할 수 없다면

우리 마음의 외로움을 위해

어깨에 짊어진 무게 때문에

우리 마음의 아픔을 위해

어떻게 고칠 수 있습니까?

당신은 다른 사람들을 미루는가?

영원의 구덩이에 묻히시겠습니까?

우리가 그것을 극복할 수만 있다면.

무게가 존재하지 않습니다

통증이 약간 욱신거린다

오히려 마음은 경멸로 가득 차 있습니다

사과하려면 어떻게 해야 하나요?

떠나기로 결정한 사람들을 위해

다른 사람들도 예전과 같은 감정을 느끼도록 하기

위해

여전히 가치가 있습니까?

탓할 사람이 없기만 하다면

나에게 시는 어떤 의미일까?

그것은 말로 바뀌는 생각의 형태이고, 이미지가 생각으로 바뀌고, 개념이 받아들여지기를 기다리는 형태입니다

쓰여진 글을 분석하고 나중에 오는 무시되지 않고 감시받는다고 느낄 수 있는 자유

순전히 받는 사람의 감정과 생각에 기초한 두 사람의 대화는 눈앞에 쓰여진 생각을 어떻게 인식할 것인가를 고민하는 것이다

나에게 시는 어떤 의미일까?

끝없는 위치는 내가 나 자신을 설명 할 수없는 것에 대한 부인 할 수없는 편안함으로 나를 집과 연결합니다

시의 개념은 무엇과 연결되어야 하는가?

시간

누군가 그것을 받아들이지 않을 때 비로소 멈추는 말이

만들어지는 흐르는 강이다

시의 정의는 끊임없이 바뀌고 있으며, 한때는 나를

위해 쓰여진 단어였지만 다른 사람을 위해

쓰여졌습니다. 나를 위한 말과 다른 사람이 쓴 말로

일어나

2:02 [AM]이 돌아왔을 때, 나는 나에게 주어진 말을

발견했다. 내가 쓴

내가 오래 전에 포기했던 보물

시대는 다시 바뀌었고, 나는 시가 나에게 '해야 한다'는

것이 무엇을 의미하는지 이해하게 되었다

어머니가 가르쳐 주신 최고의 교훈

다른 사람들에 대한 나의 견해를 꺾으려는 것이
아니었다

내 의견을 강요하려는 것이 아니었다

어머니가 가르쳐 주신 최고의 교훈

당신이 통제할 수 없는 것들이 있지만 항상 당신의

손이 닿는 곳에 있다는 것을 이해하십시오

다른 사람의 눈에 자신의 가장 좋은 버전이 되는

것만으로는 충분하지 않다는 것을 이해하는 것입니다
자신

당신만이 정의할 수 있는 것

마치 시험과 같습니다

당신은 만점으로 시작하고, 다른 사람의 말, 의견,

기준이 당신의 마음에 받아들여질 때마다 점수를

잃는다

성장은 충분한가?

바꾸는 것으로 충분합니까?

용서하는 것으로 충분한가?

일을 끝내는 것으로 충분합니까?

앞으로 나아가는 것으로 충분합니까?

성장하는 것으로 충분합니까?

내가 말하고 싶은 것은 성장이 충분해야 하는가 하는 것입니다

그것을 바꾸는 것으로 충분합니까?

용서하는 것으로 충분해야 하는가?

일을 끝내는 것으로 충분해야 합니까?

앞으로 나아가는 것으로 충분합니까?

성장하기에 충분해야 합니다.

그렇지 않다면 성장이란 무엇인가?

다른 사람들과 비교하면 어떻습니까?

우리는 왜 다른 사람들과 비교되어아 합니까?

왜 우리는 모든 것을 정의해야 할까요?

성장은 충분한가?

예.

스스로 설정한 것을 향한 가장 작은 발걸음

항상 충분합니다

나는 변화가 완전한 행복을 가져다 줄 것이라고
생각했다

계속 앞으로 나아가기 위한 끊임없는 내면의 싸움은
어떨까요?

그들이 예전의 모습으로 돌아가는 것을 막기 위해

고군분투한다

무게가 덜 나갈 줄 알았다

스스로에 대한 새로운 기대치는 어떠한가

설정한 새로운 목표를 달성할 수 없을 것이라는
자신감 상실

우리는 변화를 잊고 성장은 시간이 지남에 따라
일어납니다

오래된 본능이 당신의 일부가 될 때까지 싸워라

변화가 나에게 완전한 행복을 가져다주지 않는 것은
아니다.

그것은 내가 기꺼이 받아들일 수 있는 것만을

가져다줄 뿐이다

태양 광선은 밝고 따뜻합니다

석양이 더 아름다워질 것입니다

밤은 평화롭습니다

지금까지 눈치 채지 못했습니다.

태초에

햇빛이 너무 눈부셨다

나는 항상 일몰을 그리워했다

밤에는 악몽만이 울려 퍼졌다

"한 곳에 머물기에는 세상이 너무 넓습니다."

어쩌면 그들은 떨어져 있는 것에 대한 두려움을 이해하지 못할 수도 있다

어쩌면 당신은 다른 사람들이 당신에게 부여한 책임을 가지고 있지 않을 수도 있습니다

어쩌면 정말 무료일지도 모릅니다.

아니, 어쩌면

그들은 자신을 위해 산다는 것이 무엇을 의미하는지 이해합니다

그들은 집과 편안함이 단순한 장소 그 이상이라는 것을 이해합니다

어쩌면 그들도 성장과 변화를 경험했을지도 모른다

겨울이 오기를 기다릴 수 없습니다

나뭇잎이 떨어지기 시작한다

웃음이 멈춘다

음악은 항상 당신 곁에 있습니다

자기 성찰의 재평가

변화가 올 때

행복이 우선이다

오래된 목표가 달성되고 있습니다.

현재와 미래가 조화를 이루고 있다

새해가 시작됩니다

나는 항상 작가의 블록은 쓸 것이 부족할 때 일어나는

일이라고 생각했습니다

내가 해야 할 말을 해야 한다면 이런 일이 일어날 줄은

몰랐다

나는 이 두 가지가 같은 정의에 적용된다고 생각한다

나는 치유를 통해 말문이 막히고, 생각이 없고, 말문이

막히게 될 줄은 꿈에도 몰랐다

나는 더 이상 내가 두려워했던 것이나 말하기

두려웠던 것을 표현하는 방법으로 글을 쓰지 않는다

글쓰기와 삶은 서로 얽혀 있는 것 같아요

그것은 성장하고, 변화하고, 앞으로 나아가고, 시간과

함께 흐릅니다

작가의 블록은 인생의 일부가 끝났을 때 일어난다고

생각합니다

수락 또는 거부

꿈을 쫓는 것은 불가능하다는 것이 밝혀졌습니다

추격은 끝이 없는 길입니다

계획을 세우는 것이 더 쉽다는 것이 밝혀졌습니다

계획을 세우면 경로가 바뀔 수 있지만 끝입니다

꿈을 이루기 위해서는 꿈의 여정을 즐겨야 한다는

것을 배웠습니다

여행은 꿈 그 자체보다 당신을 정의합니다

인생의 꿈이 단기적인 꿈보다 낫다는 것이

밝혀졌습니다

그들은 더 오래 살고 더 큰 성취감을 느낍니다

나는 항상 떠나는 것이 가장 힘들다고 생각했다

평화로부터 자유로워지기 위해

끝이 보이지 않는 길을 선택하는 방법

그 후로 나는 머물기가 더 힘들어졌다

바깥 세상이 가져다주는 것을 잊어버리다

꿈과 목표를 만들고 절대 이루지 마십시오.

나는 항상 두 가지 결정 모두 선택이라고 생각했다

그 후, 그것은 계산을 기반으로하게되었습니다

이것이 나에게 현실적입니까?

그것이 내가 감당할 수 있는 선택인가?

하지만 나는 시간 가는 줄 몰랐다

시간이 결정적인 요인이었다

그때 나는 그것이 결코 나에게 달려 있지 않다는 것을
깨달았다

그러나 내가 살아가는 방식은 시간 자체가 바뀔
것이라는 예감이었다

나는 우는 것을 잊었다

세월이 흘렀지만 그녀의 존재는 결코 누그러지지 않았다

나의 첫 반응은 웃음이었다

평소의 과잉 생각이 갑자기 깨진 이유

마치 그녀의 몸과 마음이 이 시간을 위해 순간순간

감정을 저장하고 있는 것 같았다

너무했나 봐요

자기 절망의 정도

우리는 니무나 자주 우리의 삶을 다른 사람들과 비교합니다

그녀의 잠재력을 깨닫지 못한 적도 많았다

단지 내가 너무 많이 생각하고 있는 것뿐이다.

나는 그 시간을별로 좋아하지 않았다

하루에는 시간이 충분하지 않았습니다

때로는 너무 느리게 움직였습니다

때로는 너무 빨리 움직였습니다

전혀 작동하지 않는 것처럼 느껴질 때도 있었습니다

나이를 먹어도 과거의 기억은 사라지지 않는다

그들을 잊기에는 시간이 충분하지 않았다

그러다 보니 시간에 의존하게 되었습니다

그것 없이는 앞으로 나아갈 수 없었습니다

이제 나는 시간과 조화를 이루고 있다

원하는 경우 캡처할 수 있습니다

하지만 여전히 나를 스쳐 지나가는 순간이 있습니다

나는 그 시간을별로 좋아하지 않았다

나는 단지 그것과 함께 사는 법을 배우고 있습니다

나는 그녀가 얼마나 강한지 항상 잊고 있었다

나를 보살피는 얼굴로

나를 인도하는 앞에서

나는 그 중요성을 전혀 이해하지 못했다

그녀가 얼마나 많은 것을 극복했는지, 나는 항상 잊고 있었다

나는 나이가 들기를 기다릴 수 없었다

어머니가 제게 보내주신 성원에 보답하기 위해서입니다

끝없는 웃음의 복통을 그녀에게 돌려주기 위해

그녀가 마땅히 살아야 할 삶을 되찾기 위해

나이가 들수록 시간이 짧아집니다.

나는 내가 그녀를 위해 쓴 말이 영원히 지속될 것임을 안다

새로운 시작은 항상 여러분을 맞이할 준비가 되어
있습니다

문이 닫혀 있다고 생각해도

최상의 결과가 나오지 않는다고 생각하더라도

새로운 업적이 길의 끝에 있습니다

여행이 생각과 달라도

다른 사람을 남겨두고 떠나야 하는 경우에도

왜 우리는 다른 사람들을 위해 우리의 잠재력을 제쳐
두는가?

그들은 우리가 얼마나 멀리 갈 수 있는지 모릅니다

내년을 준비하면서 내가 지금 무엇을 할 수 있었을지

생각하니 너무 벅찼다

보고 싶은 것

자신에게 1 년만 주는 것이 공평하다면

올해도 또 다른 교착 상태의 해가 될 것인가?

인생은 너무 짧아서 1 년도 아무것도 아닌 것처럼
느껴질 수 있습니다

매년 복용한다는 것은 한 번에 하루씩 복용한다는 것을
의미합니다

아이러니하지 않나요?

어떤 사람들은 더 늙고 싶었던 것을 후회한다고 말할

것입니다

그러나 현실에 직면하여 성장은 결정과 동기 부여에

다른 가치를 부여합니다

일부는 더 철학적일 것입니다

다른 것들은 실제로 성장하지 않습니다

그러나 물론 거기에도 가치가 있습니다

비는 언제나 잔잔하다

비가 올 때마다 맑아진다

내가 그날 계획한 것이 무엇이든 올 것이라는

신호입니다

먹구름과 흔들리는 나무들이 나를 위로해 준다

그것은 미래의 자신을 보고 거기에 도달하기 위해

무엇을 해야 하는지 정확히 아는 것과 같습니다

비가 더 자주 왔으면 좋겠다.

그러나 그것은 말이 되지 않을 것입니다

그래서, 대신, 나는 그것이 종종 태양을 동반하는

과도한 생각으로부터 항상 나를 피난처로 제공하기를

바랍니다

다른 사람의 반응에 의존하여 자신을 추측하고 있다면
준비가 되지 않은 것입니다

그것을 극복하십시오

생성된 응답으로 더 이상 "예"라고 표시되지 않습니다.

더 이상 두려움 때문에 주저하지 마세요

더 이상 관심 없는 일에 전념하지 마세요

어른이 된 사람들 주위에 사람들을 두지 마세요

백일몽은 당신을 멀리 데려가지 않을 것입니다

마치 원인이 없는 것처럼

계획 없는 목표

변화만 바라지 마세요

지금처럼 목표와 꿈을 꿈꿔본 적이 없다

하지만 꿈도 꾸지 못했습니다

지금 보면 어쩔 수 없다.

나를 기다리는 삶

새로운 문을 여는 자체 제작 열쇠

달에는 우리의 모든 비밀이 담겨 있다고 합니다

하지만 태양이라고 생각합니다

보고

무대 위에서의 삶

이별을 기다린다

하지만 달은

그것은 일상적인 생활 방식에 피난처를 제공합니다

그것은 우리가 두려워하지 않기를 바라는 마음으로 태양을 가립니다

그 대신, 우리의 삶이 군중과 섞이도록 하십시오

왜 미지의 것이 나타날 때까지 기다리는가?

여정이 스스로 점화될 때까지 기다려야 하는 이유

불이 타오를 때까지 기다리는 이유

자신을 위한 시간을 갖고 불꽃을 키워보세요

나는 결코 그것을 직접 쓰지 않을 것이다

 글을 써야 할 것 같은 기분이 들 때가 많다

내면의 잘못된 것을 놓아주는 것

하지만 저는 억지로 어떤 말을 하는 사람이 아니에요

그것에 대해 이야기하지 않는 것이 좋습니다.

대신 마음을 바쁘게 유지하려고 노력합니다

평화의 순간이 언제 올지 정확히 알기 위해

때로는 모든 것이 멈추는 순간이 있어야 합니다

여행이 끝나는 곳

반성의 시간을 가질 수있는 곳

우리가 항상 별을 보고 있다면

우리도 여전히 같은 방식으로 그들을 소중히 여길

것인가?

음악은 내 인생의 완벽한 멜로디가 되었다

각 소리는 고유한 흔적을 남깁니다

서로의 그늘에서 완벽하게 살기

다른 사람들에 의해 결정된 가치는 결코 진정으로

가치가 있을 수 없습니다

비의 아름다움을 어떻게 설명할 수 있을까요?

대부분의 비는 끔찍합니다

불편을 드려 죄송합니다

달의 아름다움을 묘사하는 것은 쉽습니다

대부분의 사람들에게 달은 마법 같은 존재입니다

선물입니다

그러나 비는 두려움 없이 쏟아집니다

하늘에 그려진 그림을 왜곡

어떤 사람들에게는 용서할 수 없는 일이다

침묵의 힘

움직이지 않는 정체된 목소리

말의 힘

에코는 그 이면을 드러낸다

경청의 힘

마음을 일깨우는 단어 모음

그 순간이 당신에게 올 때 가장 좋은 것입니다

더 이상 쫓을 필요가 없습니다

그것은 당신이 구축하기로 선택한 삶에 완벽하게
들어맞습니다

모든 승리는 소중합니다

그러나 작은 승리는 영혼을 위한 것입니다

계속 앞으로 나아가기 위한 알림

위대한 승리는 또한 영혼을 향한다

그러나 그것은 여행의 검문소와 같습니다

둘 사이에는 큰 차이가 없지만 때로는 큰 승리가

결승선으로 이어질 수 있습니다

종속성에 대한 제한이 있어야 합니다.

대답이 '예'이거나 '예'여야 한다는 기대

배은망덕함과 이기심의 미묘한 감정이 온다

대답이 "아니오"인 경우

벽에 대고 이야기하는 것이 더 쉽다고 생각합니다.

내 목소리가 결코 뚫리지 않는다는 것을 나는 이미 알고 있다

응답을 기대하지 않음

적어도 그래야 합니다.

하지만 벽은 내가 대신 반응하도록 강요한다

내가 말한 것에

질문에

응답을 기대하지 않음

어떻게 잊을 수 있습니까?

내 목소리는 결코 그것을 뚫지 못할 것이다

책임감이 싫은 건 아니에요.

결국 제게 주어진 건 그게 전부입니다

사교를 좋아하지 않는 것은 아닙니다

어쨌든, 나는 항상 곁에 있으니까

나는 그 반대를 원하지 않는다

결국 내가 아는 건 그게 전부다

마지막 촉매제가 왔을 때 해야 할 일

내면에 품고 있던 것이 더 이상 조화롭게 살 수 없을

때

새로운 행동의 원인을 설명해야 할 때

자신을 위해 살기 시작하면

달콤한 추억 을 즐길 수 있습니다

매 순간에 집착하는 대신,

정체된 순간을 보기 때문에

그것들은 시간의 파편들이다

그리고 시간은 항상 앞으로 나아가고 있습니다

그들은 결국 잊혀지고, 다음 날이 올 것이라는 슬픈

희망이 뒤따른다

그래서 추억을 만드세요

기억에 남는 순간을 바탕으로 구축

집이 집을 만드는 것은 아니다

그것이 우리가 그것을 채우는 것입니다

집이 꼭 장소일 필요는 없습니다

그것은 그것이 가져다주는 흔들리지 않는 편안함에
관한 것입니다

집은 변화하고 다른 무언가로 성장할 수 있습니다

명사를 형용사로 바꾸는 것과 같은 방식입니다

집이 꼭 처음 시작한 곳일 필요는 없습니다.

그것은 때때로, 당신 자신 안에서 발견하는 것입니다

그들에겐 내가 더 답답하다

대화하기 어렵다

그들은 내가 예전에는 더 침착하고 근심 걱정이
없었다고 말합니다

사실상

나는 그들의 요청을 받아들이지 않았다

나는 더 이상 그들 앞에서 혀를 굴리지 않을 것이다

나를 위해, 나는 의존성의 선을 깼다

나는 더 이상 그들의 행복의 무게를 짊어지지 않는다

나는 변화를 싫어했었다

정말 무서워요

방에 포스터가 있으면 잠을 잘 수 없습니다.

순전히 지금은 뭔가 다르기 때문입니다

무의식적인 버릇입니다

하지만 흥미 롭습니다.

나는 항상 내 인생에서 다음 것을 찾고 있습니다

다음 경로

다음 여정

다음 단계

그리고 올 때

숙면을 취하세요

글쓰기에 대한 저의 사랑은 분석에 대한 사랑에서
비롯됩니다

다른 사람의 말 해독

무한한 자각을 발견하고 두 가지 관점을 모두

인정하기

내가 나 자신을 발견 한 것

그리고 저자가 쓴 것

당신에 대한 사람들의 인식은 절대 바뀔 수 없습니다

그리고 그것은 당신에게 떨어지지 않을 것입니다

같은 환경에서 사람이 성장하고 변화하려고 할 때

진보는 다른 사람들의 눈에 무시된다

없는

사기입니다

당신이 같은 환경에서 벗어날 때에야 비로소 당신 안에

재정의된 자아가 빛을 발한다

그리고 그 순간에 우리는 분노, 두려움, 절망의 감정을

뒤로할 수도 있습니다.

내가 아내에게 얼마나 고마워하는지 알아줬으면
좋겠어요

아내가 나를 알아보게 하기 위해 나는 두 배나 더
열심히 일했다

내가 얼마나 고마워하는지 그녀가 이해했으면 좋겠다

분노를 조절하는 방법

내가 얼마나 많은 것을 간과해 왔는지 그녀가
깨닫기를 바란다

이기적이고, 배은망덕하고, 게으른 말들이 나를

규정짓는 유일한 단어들이었다

나는 당신이 정말로 이해하기를 바랍니다

내가 방금 쓴 글

밤하늘에 반짝이는 별들

태양 광선이 자연을 만끽하게 하십시오.

그것은 달과 하늘을 공유합니다

그러나 하나가 다른 하나를 능가하지는 않습니다

태양은 구름과 하늘을 공유합니다

그래서 더 밝아지면 그들을 꿰뚫습니다

그들도 그것으로 빛나게 하십시오

밤에는 구름이 쉰다

그림자가 되다

별과 달만이 하늘을 공유합니다

태양의 날카로운 빛을 진정시기고 밤의 아름다움을

포착하기 위해

미지의 세계로 발을 내딛는 것을 두려워하지 마세요

그동안 쌓아 올린 편안함을 유지하기 위해

꿈과 목표를 향한 길이 항상 명확하다면

그러면 당신은 그것을 위해 일하지 않을 것입니다

성장에 대한 보상은 없습니다

미지의 세계를 새로운 편안함으로

그리고 그 길을 걸을 때 길이 점점 더 명확해지는 것을

지켜보십시오

미지의 세계로 발을 내딛는 것을 두려워하지 마세요

왜냐하면, 그것은 당신이 발견하기 위해 거기에 있기 때문입니다

어떤 사람들은 자신의 다른 버전을 만들고 만듭니다

주변 사람들에게 어울리는 페르소나

그들이 필요하다고 생각하는 것만 하십시오

그리고 그것은 작동합니다

그들은 당신이 그들을 위해 창조한 사람 때문에

성장하고 번성합니다

이제 돌아갈 수 있습니다.

태초의 그대에게

하지만 여러분이 구축한 페르소나는 이제 여러분이
알고 있는 모든 것이 되었습니다

시간이 설리겠지만 곧 알게 될 것입니다

당신이 누구인지가 아니라 당신이 되고 싶은

사람입니다

그 순간이 빛날 때까지 참을성 있게 기다립니다

그래도 여전히 주저하고 있습니다

잠깐 보거나 거의 보여주지 않습니다.

어쩌면 다른 사람들도 거기에 있기 때문일 수도
있습니다

나에게만 국한되어 있다고 생각했던 순간에

빠져보세요

널 진짜 본 순간

의도 하지 않은

그들에게는 겹치는 것이고, 당신이 발산하는 빛은

진정으로 희미합니다

당신은 스타입니다

그리고 그들은 달입니다

인생을 즐기기 위해 인생이 거창할 필요는 없습니다

하지만 그렇다고 해서 별을 쫓는 것을 막을 수는
없습니다

당신의 눈에는 웅장하지 않을 수 있기 때문입니다

받아들일 수 있는 꿈입니다

그리고 중요한 것은 차이입니다

목표에서 잠시 숨을 돌리는 순간

가끔은 현재를 돌아보며

새로운 관심사가 눈에 띄고 새로운 길을 생각하게

됩니다

우리는 본래의 길을 버리지 않았습니다

그러나 우리는 기초에 또 다른 층을 추가했습니다

움직일 수 있는 힘을 줄 무언가로 조립하세요

전달

보다 만족스러운 경로 구축

나는 항상 아침형 인간이었다

새벽에 일어나는 것을 좋아하는 것은 아닙니다.

하지만 저에게는 중요한 일상이 되었습니다

가끔은 겸손하기도 하다

우리 삶의 안내자가 되십시오

음악이 사회에 영향을 미치지 않는다는 것은
상상하기 어렵습니다

마치 단어 자체가 무의미한 것처럼

마치 우리가 만드는 노래와 멜로디가 우리 안에서

만들어지지 않은 것처럼 말이다

흑백의 삶으로 가득한 영화

아니요, 음악 뒤의 일은 육체 노동 뒤의 일에 비하면

아무것도 아닙니다

그러나 그것은 육체성입니다

항상 타의 추종을 불허합니다

우리의 사고방식에는 뭔가가 필요합니다

음악은 우리가 하는 말이 더 크게 들리게 하라고
말한다

여러 세대에 걸쳐 전해져 내려오고 있습니다

인공적인 것에 대한 계층적

오랜만에 실제로 글을 썼습니다.

말이 어떠해야 하는지에 대한 내적 갈등

솔직히 저는 제가 하고 싶었던 말을 기억하는 데

대부분의 시간을 보냅니다

기억이 다시 떠오르기를 바라며 발자취를

따라가십시오

대부분의 경우 작동합니다

하지만 그렇지 않았던 시절에는,

뭔가를 잃은 것 같은 느낌이 듭니다.

"말했어야 할 것"

그 당시 내 모습의 일부

하지만 잊혀진 것이 있는 것 같아요

그리고 그것으로 새로운 단어가 다시 쓰여집니다

비가 하늘의 태양을 규정할 때

그리고 구름은 차분한 회색을 형성합니다

그때 글을 씁니다

해방감을 느낄 때

그리고 과거를 돌아볼 수 있습니다

어쨌든 썼다.

비가 내리면 눈부신 나침반에서 벗어날 수 있습니다

겉보기에는 조용해졌다

나는 그것을 작가의 블록이라고 부르지 않을 것입니다

내가 글을 못 쓰는 것은 아니다.

그러나 필요성을 느끼지 못할 때가 있습니다

하지만 시작한 일을 포기하고 멈출 수는 없다는

것을 알고 있습니다

이제 제 책임입니다

다른 하나는 제가 스스로 감당해야 할 것입니다

하지만 부담이 되지 않습니다

정말 재밌어요

자유로워집니다

취약

값

행복한

감사

그렇기 때문에 내가 원한다면 글쓰기를 멈출 수 없다고
생각합니다

나는 내가 한 모든 것을 과도하게 했다

그것이 나를 만족시킨 유일한 만족감이었다

그제서야 나는 내가 이룬 것에 대해 진정으로 인정을

받았다

선배들이 정한 장애물 극복

하지만 그것만으로는 충분하지 않았습니다

이제 그것은 내 존재의 일부이다

일생에 필요한 것보다 더 많은 것을 극복하고

성취하기 위해

그게 제 인생을 가치 있게 만드는 것 같아요

항상 새로운 목표를 위해 노력

시간의 흐름을 늦추는 고요함을 버려라

나는 항상 칭찬받는 것을 좋아하지 않는다.

스포트라이트를 받는 것이 불편하다

어떤 일에서 다른 사람들보다 더 나은 사람이 되기!
위해

더 큰 성공을 위한 보이지 않는 무게가 있습니다

"놀라운"이라는 단어는 "과잉 성취자"로 바뀝니다.

"고마워요"라고 말하면 왠지 사과로 바뀝니다.

서서히 떨어지는 빛에 반사된 점들이 보였다

그때가 바로 그 때입니다

시야를 잃을 때까지 지속적으로 움직입니다

이제 반점이 사라졌습니다

아니, 그렇게 생각했다

그러나 나는 이제 빛의 더 밝은 반사 속에서 또 다른

것을 발견했다

꿈이야

특정인만이 이해할 수 있는 시도 있다

이것들은 내가 쓰고 싶은 것들입니다

나는 위선자다

인정해도 좋다고 생각합니다.

당신이 다른 사람에게서 원하는 것이 항상 당신이

받은 것과 일치하는 것은 아닙니다

그러나 성장의 첫 번째 단계는 인식하는 것입니다

특정 상황에서 자신을 인식하십시오

그리고 주위 사람들에게주의를 기울이면서

하지만 저도 완벽하지 않아요

인정해도 좋다고 생각합니다.

단 한 곡의 노래가 당신을 무의식적인 기억 속으로

밀어 넣을 수 있다는 행복감이 있습니다

시간은 멈춰 있고 현재의 환경은 흐릿하며 과거, 현재,

미래를 회상하거나 반성하는 자신을 발견하게 됩니다

가끔은 진정한 자아로 돌아갈 수 있다

나는 항상 적절한 순간을 기다리고 있었다

시작하려면 어떻게 해야 하나요?

낮에는 월요일이어야했습니다

해가 갈수록 느낄 수 있는 모습이어야 했다

"맞아요."

미래를 계획하는 것 자체가 취미였다

그것은 결코 끝나지 않았고, 나는 항상 새로운 것을

시작하거나 경험하고 있었다

지쳤어.

당신의 성취를 다른 사람들과 끊임없이 비교하십시오

많은 사람들이 20 대에 갇혀 있다고 느낍니다

30 대, 40 대 등의 사람들이 있다는 것을 잊고 있습니다.

우리는 새로운 현실 감각으로 내몰리고 있습니다

우리가 살아가는 방식과 우리가 내리는 결정은 이제

우리에게 달려 있습니다

그럼에도 불구하고 우리는 항상 다른 사람들의

가이드를 찾고 있으며 그것에 대해 생각하는 가장 쉬운

방법은 당신을 정말 행복하게 만드는 것을 찾는

것입니다

다른 사람과 공유하고 싶은 내용

그리고 그것을 공유하십시오

하루가 훌쩍 지나가고, 멈춰 서서 생각할 수 있는

시간은 저 너머에 있습니다

우리는 행복이 미소로만 표현될 수 있다고

생각합니다

때로는 패배에 직면하여 나타납니다

가끔은 기쁨의 눈물을 흘리기도 합니다

웃는 사람이 되기는 어렵다

그렇지 않은 순간에는 무언가 잘못되었다는 가정이

있습니다

너무 많이 웃지 않는 것 같아요

가끔은 얼굴을 쉬게 해야 할 때가 있습니다

우리에게는 다른 감정도 있습니다.

자라면서 이상한 느낌입니다

왜 이렇게 많은 시간이 흘렀고 얼마나 많은 시간이

남았는지

왜 나는 변했는데 전혀 변하지 않았을까?

말이 짧아졌습니다

더 이상 할 말이 없는 것은 아닙니다

그러나 내 논리적 인 부분은 끌 필요가 없다고

생각합니다.

가장 두려웠던 것은 누군가 내 시를 읽을까 봐
두려웠다

나는 썼다

내가 쓴 단어는 문법적으로 문맹입니다

내 말이 다른 사람들에게 깊이 새겨져 영원한 상처를

남길 가능성

나는 그것이 나의 가장 큰 두려움이라고 말했고,

솔직히 지금도 그렇다

혀에 남기지 말고 삼켜야 할 말이 아직 있다는 사실에

근거

나는 그림자 속에서 번성한다고 생각한다

소리만 들리는 곳

다른 사람들과의 단절은 나에게 명료함의 순간을 준다

자신을 기억하기 위해

주변에 조성된 환경을 포용하십시오

하지만 집이 아니에요

나도 빛 속에서 자라기 때문에

나는 어렸을 때보다 조용히 흐느끼는 밤이 더 많다

주위 사람들에게 나는 감정이 없고, 냉담하고, 이해할

수 없는 사람이었다

왜 그럴 수 없었습니까?

내 인생은 그들이 나보다 감정적으로 열등하다고

생각했던 순간들로 이루어져 있었다

그러나 그들이 그것을 어떻게 알 수 있겠는가?

나는 어렸을 때보다 조용히 흐느끼는 밤이 더 많다

눈물이 새는 소리에 목이 약해졌기 때문에

빛만 보이는 곳에서 비를 구걸할 수는 없다

인생에서 어떤 사회적 환경에서 살 것인지를

결정하는 중요한 순간이 있습니다

밝고 화창한 날보다 다른 사람과의 차이가 더 뚜렷한

곳

저에게는 인생의 진정한 시작점이 바로 그곳입니다

당신 내면을 받아들이는 안락한 장소를 찾고, 봄에

꽃보다 더 많이 피어나세요

고통에 대해 쓰려면 그것을 경험해야 합니다

하지만 당신이 정말로 그것을 알아낼 수 있다면

어떨까요?

여운이 남는 슬픔, 가슴 속에서

끓어오르는 분노

사람도 같은 방식으로 무너지고 같은 수준의 고통을

느껴야 합니까?

물론 그녀는 내 진심을 모를 것이다

나는 그녀에게 욕설을 퍼부은 적이 있을 뿐이다

그것들은 내가 가지고 있거나 취하려고 하는 행동보다
더 중요하다

물론 그녀는 그녀에 대한 나의 사랑을 보려고 하지
않는다

나는 그녀에게 변해달라고 애원했을 뿐이다

그것들은 내가 말했거나 말했을 "사랑해"보다 더

중요합니다

사람이 바뀔 수 있다는 것을 믿지 않았으면 좋겠다

그러면 나는 그들에게서 기대를 멈출 것이다

그러면 그들에 대한 기대가 줄어들 것입니다

하지만 물론

나는 사람이 변하지 않는다고 믿었다.

나는 여전히 더 나은 미래에 매달리는 방법을 찾을
것이다

지금은 조용합니다

마치 폭풍이 오지 않은 것처럼

그들은 다시 얼마나 현실에 안주하고 있는가

끝없는 순환 속에서

그들은 부서지기를 거부합니다

간단히 말해서, 그들의 마음이 그들을 용서하지 않을
것이기 때문입니다

다시 한 번 말하지만, 나는 그들의 이야기에서
악당이다

내 이야기의 악당도 될 것 같아요

드디어 그 순간이 왔습니다

마지막으로 울었을 때

나를 지하에 가두었던 과거로부터의 자유

나는 지금 중요하다

내 꿈, 목표, 그리고 남은 인생을 살기로 선택한 방식

중

잃을 것

그것을 잃는다는 것은 다시 현실에 안주하는 것을
의미합니다

더 이상 위안을 찾을 수 없다는 느낌

꿈이 현실이 될 때까지 꿈꾸세요

모든 사람은 자신을 진정으로 미소 짓게 하는 삶을 살 권리가 있습니다

나는 항상 루틴을 깨뜨린다

행복하고 빛나고 있습니다.

다른 사람을 대하는 일

마치 자신 안에서 경쟁하는 것 같습니다

물론 끝은 결국 올 것입니다.

나는 내가 덮어 쓰고 싶은 과거의 사람을 발견했다

즉, 지금 이 순간 나도

당신도 떠나야 할 것입니다

쓰고 싶다

어쩔 수 없이 했던 말을 진실하게 말하기 위해

읽고 싶어요

삶의 현실로부터 마음을 자유롭게 하기 위해

나를 씹고 뱉어내지 않은 삶은 없다

나는 단순히 상자에 넣어 나중에 사용하기 위해

저장했습니다

- 고맙다

요즘 잠에서 깨어나 머릿속으로 노래를 부르면

무의식적으로 들었던 가사를 바로 흥얼거리기

시작한다

이 노래가 나왔을 때, 제가 틀에 박혔다고 말할 수 있을

것 같아요

그 단어는 이제 나의 성배가 되었다

미래에 대해 나 자신에게 했던 약속이 생각난다

우주가 듣고 싶어 했던 가슴 아프고 해방감 넘치는

멜로디

-마틸다

나는 내 삶의 불확실성이다

가능한 상황에 따라 대응을 전개합니다

그러나 그때에도 실제로 주어진 응답은 하나도
없습니다

나는 내 삶에 절망하고 있다

기쁨을 선택하든지 자기 연민에 빠지든지, 힘이 필요해

나는 내 삶의 수호자다

자기 간섭의 문 닫기

내가 내 인생의 "나"가 아니라면, 내 삶은 당신의
것입니다

당신은 불확실해진다

당신은 내 인생의 절망입니다

당신은 또한 나의 수호자입니다

하지만 '나'를 '너'로 바꾸려면

양심의 가책도 부숴버리겠다

내 인생

아이러니하지 않나요?

레프리콘으로 이야기 만들기

마치 평생을 보내지 않은 것처럼

무지개 끝에서 황금을 찾아서

다른 사람의 글 읽기

때로는 그것만으로도 충분합니다

자신의 일부를 되찾기 위해

한때 오랫동안 잊혀졌습니다

때로는 하나의 문을 닫아야 합니다.

모두 닫아야 합니다

행복은 감정 그 이상이다

"지금"에서 좋은 것을 보는 것을 선택하는 것입니다

주변을 살피고 숨을 들이마신다

그것은 당신에게 편안함을 준다

더 나은 경험을 하지 못했기 때문입니다

어느 시점에서 비를 기다리는 것을 멈추습니까?

머리에 찬물을 붓는 경우

나를 다시 접지하기 위해

당신의 삶에서 행복하지 않은 모든 것을 바꾸기 위해

변하지 않는 여정의 선두 주자

www.ingramcontent.com/pod-product-compliance
Lightning Source LLC
Chambersburg PA
CBHW041210150726
48006CB00016B/2193